Randy Witte

Der Hackerbegriff in den Medien

Ein Diskurs

GRIN Verlag

Bibliografische Information der Deutschen Nationalbibliothek:

Die Deutsche Bibliothek verzeichnet diese Publikation in der Deutschen National-
bibliografie; detaillierte bibliografische Daten sind im Internet über http://dnb.d-
nb.de/ abrufbar.

Dieses Werk sowie alle darin enthaltenen einzelnen Beiträge und Abbildungen
sind urheberrechtlich geschützt. Jede Verwertung, die nicht ausdrücklich vom
Urheberrechtsschutz zugelassen ist, bedarf der vorherigen Zustimmung des Verla-
ges. Das gilt insbesondere für Vervielfältigungen, Bearbeitungen, Übersetzungen,
Mikroverfilmungen, Auswertungen durch Datenbanken und für die Einspeicherung
und Verarbeitung in elektronische Systeme. Alle Rechte, auch die des auszugsweisen
Nachdrucks, der fotomechanischen Wiedergabe (einschließlich Mikrokopie) sowie
der Auswertung durch Datenbanken oder ähnliche Einrichtungen, vorbehalten.

Impressum:

Copyright © 2012 GRIN Verlag GmbH
Druck und Bindung: Books on Demand GmbH, Norderstedt Germany
ISBN: 978-3-656-22868-4

GRIN - Your knowledge has value

Der GRIN Verlag publiziert seit 1998 wissenschaftliche Arbeiten von Studenten, Hochschullehrern und anderen Akademikern als eBook und gedrucktes Buch. Die Verlagswebsite www.grin.com ist die ideale Plattform zur Veröffentlichung von Hausarbeiten, Abschlussarbeiten, wissenschaftlichen Aufsätzen, Dissertationen und Fachbüchern.

Besuchen Sie uns im Internet:

http://www.grin.com/

http://www.facebook.com/grincom

http://www.twitter.com/grin_com

HUMBOLDT-UNIVERSITÄT ZU BERLIN

INSTITUT FÜR INFORMATIK

INFORMATIK IN BILDUNG UND GESELLSCHAFT

Der Hackerbegriff in den Medien

Ein Diskurs

Randy Witte

Studiengang: Bachelor Informatik

17.06.2012

Abstract

Hacker sind seit Jahren in den Medien präsent. Immer wieder gibt es Schlagzeilen, Reportagen oder Dokumentationen darüber. Doch nicht immer werden wir mit wirklichen Hackern konfrontiert. Der ethisch korrekte, akribische Tüftler mit sozialem Background nimmt nur einen Teil dessen, was uns als Hacker dargeboten wird, ein und muss sich zu seinem Leidwesen mit Sktiptkiddies und Crashern vergleichen lassen. Dieser Diskurs beleuchtet nach dem TMINK-Schema die Akteure, Nicht-Hacker, die sich als solche darstellen, Medienvertreter und Publizisten, die wissentlich und unwissentlich ungenau recherchieren und damit eine von fehlendem Hintergrundwissen geprägte Meinungsbildung in der Gesellschaft befriedigen.

Inhaltsverzeichnis

1. Einleitung

Der Hackerbegriff ist heute jedem geläufig. Manch einer assoziiert ihn möglicherweise anders als andere, je nachdem, welche Erfahrungen und welchen Wissensstand man hat. Gefördert wird diese Assoziation durch ein Bild, dass in den Medien über Hacker dargestellt wird. Dabei ist diese Sichtweise oftmals verzerrt und teilweise auch falsch. Nicht alle Personen, die gezeigt werden sind Hacker und nicht alle Taten das Werk von Hackern. Aus diesem Grund fühlt sich die Hackerelite oft missverstanden und teilweise sogar unverhältnismäßig kriminalisiert. Jeder, der aus dem Computer etwas mehr rausholt als ein Normalanwender, wird gerne als Hacker bezeichnet. Dabei macht den Hacker viel mehr aus, als nur fachliche Kompetenz. In einem Diskurs möchte ich diese differenzierten Sichtweisen nun näher betrachten.

2. Hackerdefinition

Ich beginne damit, zu zeigen, was ein Hacker ist. Es gibt mehrere offizielle und nichtoffizielle Definitionen des Hackerbegriffes. Eine mögliche Veranschaulichung beschreibt den Hacker als jemanden, der „etwas gut programmieren konnte oder die Maschine in irgendeiner Weise beherrschte".[1] Das trifft sowohl für die Phreaker mit ihrer Blue Box zu, die das Telefonnetz der AT&T in den 1980er Jahren aushebelten, wie auch für die Mitglieder des Homebrew Computer Club, die in einer Garage im Silicon Valley die Möglichkeiten der ersten privaten Computer, wie den Altair 8800, ausreizten und die Computerentwicklung ein gutes Stück vorantrieben, aber auch für die Cracker von Sicherheitssystemen, die sich Zugang auf nicht vorgesehenem Weg suchen. Vor allem kennzeichnet es alle diejenigen, die ein Gerät manipulieren, um es anders als gewollt zu verwenden. Tatsächlich reicht es aber nicht aus, das Hacken auf Tüfteleien und Lösen von komplexen Aufgaben am Computer zu beschränken. Diese Eigenschaften kennzeichnen die meisten Programmierer, zumal die Tätigkeiten der Hacker ja nicht einmal auf Informations- und Telekommunikationstechnik beschränkt sind. "Spaß, Begeisterung, Obsession, Kreativität, Ärmelaufkrempeln sind Attribute, die zum Programmieren hinzutreten müssen".[2] Steven Levy brachte mit seinem Buch „Hackers: Heroes of the Computer Revolution" etwas Licht in das damalige[3] Dunkel des Hackertums und war für viele spätere Entwickler, Kolumnisten, aber auch Hacker eine häufig genutzte Quelle, wenn es um Begrifflichkeiten ging. In seiner 25 jährigen Jubiläumsausgabe schreibt er selbst:

> The term „hacker" has always been bedeviled by discussion. When I was writing this book, the term was still fairly obscure. In fact, some month before publication, my editor told me that people in Doubleday's sales force requested a title change-"Who knows what a hacker is?" they asked. Fortunatley, we stuck with the original, and by the mid-eighties the term had become rooted in the vernacular.[4]

Levy veröffentlichte sein Buch 1985. Damals war die Frage „Wer weiß, was ein Hacker ist" gerechtfertigt. Paul Graham, der Autor der Programmiersprache Lisp sagte einmal, dass Hacker ein System gut genug verstehen, um dafür verantwortlich zu sein, und seine eigenen Regeln zu erstellen[5]. Das entspricht dem Ansinnen der Hacker, dass sie die Maschine beherrschen, ein Grundsatz, welcher sich bereits in den Anfängen am MIT in den 50er Jahren festigte. Im Jargon

---

[1] Heine, Die Hacker, in Eckert et al. (Hrsg), Auf digitalen Pfaden, Westdeutscher Verlag, 1991, Opladen, S. 153.
[2] Boris Gröndahl, Hacker, Rotbuch Verlag, Hamburg, 2000, S.9
[3] Anfang der 80er Jahren war man sich des Hackerbegriffes noch nicht so bewusst wie heute. Levy formte u.a. Begriffe wie Hackerethik
[4] Steven Levy, Hackers, 25th anniversary edition, O'Reilly Media Inc., Sebastopol, CA, 2010, S.456
[5] Steven Levy, Hackers, 25th anniversary edition, O'Reilly Media Inc., Sebastopol, CA, 2010, S.474

File[6], dem sogenannten "Hackers Dictionary" findet sich für den Hack die Beschreibung einer Anwendung von Genialität, aber auch kreativer Schabernack. Im RFC 1392 (bzw. 1982), einer Dokumentation über teilweise offizielle Internetstandards ist zu lesen:

> *A person who delights in having an intimate understanding of the internal workings of a system, computers and computer networks in particular.*[7]

Hacker haben also nicht nur Ahnung und Verständnis von Systemen, sondern gehen auch mit Hingabe, bis zur Obsession, in ihrer Aufgabe auf. Das Jargon File fügt noch Schnelligkeit und Kreativität als Eigenschaft hinzu, sowie „circumventing limitations", das Überwinden von Grenzen, bzw. Umgehen von Begrenzungen. Man könnte sagen, dass dieses Stückchen, über das Normale hinausgehen, den Hacker vom Programmierer unterscheidet (beschränkt man es zunächst auf die Computerebene). Und tatsächlich ist der Abstand dazwischen nicht sehr groß. Viele gute Programmierer werden möglicherweise irgendwann zu Hackern. Und viele Hacker sind heute erfolgreiche Programmierer, weil sie es verstanden haben, Technik so einzusetzen, wie sie gebraucht wird. Da das Jargon File von Computerliebhabern unter Leitung von Eric S. Raymond, Vertreter der Open Source Kultur, geschrieben wurde, waren diese natürlich daran interessiert, das eigene Bild gerade zu rücken und sich vor allem von Subjekten zu distanzieren, die nicht ihrer „Hackerethik"[8] entsprachen. Diese beinhaltet neben grenzenlosem Zugang zu Computern und freien Informationen auch das Misstrauen von Autoritäten, Achten von Fähigkeiten und Nutzung von Computern zur Schaffung von Schönheit und Kunst. Nach Meinung der Hacker gehörten Datenmissbrauch, Manipulation für persönliche Bereicherung oder Sabotage nicht zu ihren Werten. Das machen sie bei jeder Gelegenheit deutlich und formten daher den Begriff Cracker, nach dem Wort crack (knacken, aufbrechen, einbrechen). Auf diesen Unterschied legen sie bei der Verwendung des Hackerbegriffes in der Öffentlichkeit großen Wert.

Ein Hacker ist also jemand, „der Freude daran hat, Beschränkungen zu umgehen"[9]. Ein wichtiger Aspekt der für den Hackerbegriff steht, ist aber auch der Austausch mit Gleichgesinnten, also der soziale Aspekt. „Hacker bilden eine Elite, für die man sich qualifizieren und innerhalb derer man sich beweisen muss. Einsame, nur für sich werkelnde Hacker sind ebenso rar wie Schriftsteller, die nicht publizieren"[10]. Sie verschaffen sich untereinander Anerkennung und Respekt. Unter

---

[6] Eric S. Raymond (Ed.), The Jargon File Version 4.4.8, http:// http://catb.org/jargon, (Stand: 23.05.2012).
[7] Malkin, Internet Users' Glossary, RFC 1983, Network Working Group, 1996, S. 22.
[8] Die Hackerethik wurde von Steven Levy in seinem Buch „Hackers Heroes oft he Computer Revolution" erstmals offiziell definiert und war später Maßstab in der Szene, nicht zuletzt um sich von Leuten zu distanzieren, die nicht ihren Werten entsprachen.
[9] Robert Bickford, in Gröndahl, Hacker, Rotbuch Verlag, Hamburg, 2000, S.15
[10] Ebd. S.16

anderem wurde mit dieser Definition Bill Gates das Recht abgesprochen, ein Hacker zu sein, obwohl er ja sonst alle Kriterien erfüllt:

> *Was Gates von Anfang an abging, ist die soziale Komponente des Hackerdaseins. Gates hat sich nie bemüht, mit Hackern in Kontakt zu kommen, um die Stilfragen des Programmierens und des Hackerlebens haben sich weder er noch die Produkte seiner Firma je geschert.[11]*

Also muss der Hacker 4 Grundeigenschaften besitzen. Er weiß was er tut, verfügt also **fachliche Kompetenz**, und unterscheidet sich somit vom Skriptkiddie. Er arbeitet mit **Leidenschaft** und Hingabe und grenzt sich damit vom normalen Programmierer oder Sicherheitsexperten ab, für den Hacken nur ein Job ist. Ein **soziales Umfeld** gehört zum Hackerdasein auch dazu. Er sitzt nicht in seinem stillen Kämmerlein und hackt vor sich hin, auch wenn das möglicherweise das Bild in der Gesellschaft ist. Hacker tauschen sich gemäß der freien Softwarekultur aus, schildern Erfahrungen, bilden Communities und arbeiten häufig in Gruppen. Der letzte und wichtigste Punkt sind die **ethischen Grundsätze**. Was ein Hacker tut, das macht er mit Verantwortung. Und dazu gehört neben den Eigenschaften, die Steven Levy vor fast 30 Jahren formuliert hat, auch, dass ein Hacker keinen destruktiven Umgang mit seinem Medium betreibt. Zusammenfassend ist ein Hacker jemand, der mit Leidenschaft, unter ethischen Grundsätzen und mit soziologischem Gedanken manipuliert, ganz gleich ob Objekt oder Subjekt (Social Engineers).

---

[11] Ebd. S.63

3. Begriffsverwendung

Nachdem ich jetzt aufgezeigt habe, was ein Hacker ist, und wo er sich abgrenzt, folgen nun einige Beispiele, wo der Hackerbegriff meiner Meinung nach missbraucht wird. In der Galileo Sendung „Hacker Kid" vom 06.10.2011[12] wurde ein angeblicher Hacker gezeigt, der ein Bahnticket mit falschem Namen und falscher Kreditkartennummer online bestellte. Dazu hat er aber lediglich eine Spyware genutzt, also nicht einmal selbst etwas erschaffen. So ein Programm kann sich auch der Nachbar von nebenan besorgen. Dazu gehört nicht viel Fachwissen. Aber genau das macht einen Hacker aus. Kreativität! Die Sprecherin bestätigt es noch einmal, „Man muss nicht einmal ein Computergenie sein [...] Anleitungen gibt es fix und fertig im Internet." Und auch der angebliche Hacker gibt zu, dass ihn das Programm selbst nichts gekostet hat, „da es in dem Forum, in dem ich unterwegs bin, kostenfrei angeboten wird". Bei näherem Betrachten sieht man, dass es sich bei der „bösen Spionagesoftware" nur um ein harmloses Tool handelt, mit dem man den Mauszeiger invertieren kann oder die Tastaturbelegung ändert, vorausgesetzt man hat das Programm vorher erfolgreich bei seinem Opfer installiert. Dennoch wird dieser Mann mit der Anonymous Maske als Hacker bezeichnet, was im gleichen Moment den heroischen Ansatz der eigentliche Hacker, der Entdecker der 50er Jahr negativ konnotiert, und die Hacker als solche in eine kriminelle Ecke drängt. Zugegeben, dieses Programm bietet Angriffsmöglichkeiten und kann Schaden anrichten. Fakt ist aber auch, dass hier kein Hacker dargestellt wird, und dieser Begriff missbraucht wird. Aufgrund ethischer Grundsätze muss man sich nicht vor „Hackern" fürchten, sondern vor Kriminellen, die Hackertechniken verwenden, um anderen zu schaden bzw. sich zu bereichern. Natürlich sind nicht alle Hacker Heilige. Aber den Begriff zu verallgemeinern, verzerrt die Wahrheit.

Die Frage ist, warum wird der Hacker offensichtlich in der Öffentlichkeit falsch dargestellt, bzw. warum wird der Hackerbegriff ungenau verwendet? Solche Beispiele, in denen über Hacker berichtet wird, die aber nach den hier gewonnenen Erkenntnissen keine sind, finden sich immer wieder in Berichten. So heißt es in der „PC-Welt" in einem Bericht über Raubkopierer „So arbeiten Hacker".[13] Auch Mitglieder der Piratenpartei bezeichneten sich öffentlich als Hacker und empfahlen deswegen Journalisten, ihre Laptops zu sichern.[14] Damit setzten sie öffentlich die Hackerkultur mit illegalen Handlungen gleich. Auf der Webseite von Greenpeace wurde berichtet, wie Computerkriminelle sich Abholzrechte angeeignet haben, und obwohl die Täter

[12] http://www.prosieben.de/tv/galileo/videos/clip/224094-hacker-kid-1.2924158/ (Stand: 20.05.2012)
[13] http://www.pcwelt.de/ratgeber/DVD-und-Blu-Ray-kopieren-So-arbeiten-Hacker-294566.html (Stand:14.06.2012).
[14] http://www.spiegel.de/netzwelt/web/parteitag-in-neumuenster-piratenpartei-warnt-vor-w-lan-hackern-a-830003.html (Stand: 14.06.2012).

mit Hackerethik nichts zu tun haben, heißt es anprangernd „Computer-Hacker helfen bei der Regenwaldzerstörung".

Ich möchte hierzu einen Diskurs führen und dabei näher auf die Akteure eingehen. Jeder, der etwas mehr Ahnung von Computern hat, wird gleich Hacker genannt. Und das passiert nicht selten in abwertendem Zusammenhang. Selbst Steven Levy sieht den Hacker als Außenseiter mit antisozialen Identitätsmerkmalen.[15] Im Internet User´s Glossary werden Cracker als grundsätzlich bösartig bezeichnet.[16] Es lässt sich nicht leugnen, dass es Computerkriminelle gibt, die cracken. Aber nur weil jemand crackt, ist er nicht automatisch kriminell. Ich möchte sogar behaupten, dass viele Hacker cracken, um eine „Maschine zu beherrschen". Spielecracker tun das aus sportlichem Antrieb, innerhalb der Release Szene. Dass die gecrackten Spiele dann raubkopiert werden, hat nichts mit den Crackern zu tun, die das sogar zu verhindern versuchen, indem sie ein strenges Reglement führen, und nur unter Auflagen Neulinge in ihre Gruppen aufnehmen.[17] In öffentlichen Medien werden häufig nur Black Hats beschrieben, und selbst bei der Differenzierung zwischen White, Grey und Black Hats bezeichnet man den White Hat als „richtigen Hacker".[18]

---

[15] Steven Levy, Hackers, 25th anniversary edition, O'Reilly Media Inc., Sebastopol, CA, 2010, S.457
[16] Malkin, Internet Users' Glossary, RFC 1983, Network Working Group, 1996, S. 12.
[17] Krömer u. Sen, No Copy, Tropen Verlag, 2006
[18] http://www.informatik.uni-oldenburg.de/~iug10/sli/indexd46b.html?q=node/16 (Stand: 12.06.2012)

4. Technik

Hacken kann man nicht nur Computer. Also ist zur Technik alles zu zählen, was man verändern kann. Hacken ist nicht einmal auf Materielles beschränkt. Social Engineers hacken sogar Menschen, indem sie versuchen ihre Opfer vom normalen Verhalten abzubringen und ihnen Geheimnisse zu entlocken. Tatsächlich kann man so gut wie alles hacken. Es gibt deswegen zahlreiche Subkulturen. Die Obergruppe der akademischen Hacker lässt sich weiter unterteilen, in astronomische Hacker, in geologische Hacker, in literarische Hacker und selbstverständlich auch in Computerhacker. Wer immer etwas für einen bestimmten Zweck Vorgesehenes so verändert, dass es einen anderen Zweck erfüllt, kann allgemein als Hacker bezeichnet werden. Dementsprechend kann man als Technik im Zusammenhang mit diesem Diskurs auch alles Materielle zählen. Oft wird das Hackermedien auf Computer, und das Hackerobjekt auf Schranken und Barrieren beschränkt. Tatsächlich haben Hacker aber zur heutigen IT-Entwicklung enorm viel beigetragen. Ohne die technischen Basteleien im Homebrew Computer Club, würde es den PC von heute nicht geben.[19] Indem aber nur einseitig berichtet wird, dass Hacker Sicherheitsmechanismen knacken und Cracker Spiele cracken, werden die Leistungen der Hacker in den Anfängen des Computerzeitalters abgewertet. Natürlich haben viele Hacker Interesse daran, Schranken zu durchbrechen. Getreu dem Motto, „der Mensch beherrscht die Maschine", versuchen sie in Systeme einzudringen, die ihnen eigentlich verwehrt sind. Auf der anderen Seite der Leitung sitzen Experten, die genau diese Schranken immer weiter verschärfen. In gewisser Weise sorgen die System- und Softwareprogrammierer dafür, dass es immer Hacker geben wird, die versuchen, ihre Codes zu knacken.[20] Allein die Vielfalt an Verschlüsselungstechniken weckt immer neue Herausforderungen für Hacker. Sicherheitsexperte Donn B. Parker sieht den Kampf zwischen Sicherheitsmechanismen und Durchbrechen Selbiger als endlos:

> *Der Aufstand des Einzelnen wird dadurch nicht beendet sein. Er wird sich nur auf eine höhere technische Ebene verlagern. Was immer der Mensch schützen kann, kann ein anderer durchbrechen.[21]*

Und projiziert man das auf andere Hackerbereiche, ist der Technikbegriff für Hacker unbegrenzt.

---

[19] Vgl. Boris Gröndahl, Hacker, Europäische Verlagsanstalt/Rotbusch, 2001
[20] Krömer u. Sen, No Copy, Tropen Verlag, 2006
[21] Donn B. Parker, in Werner Heine, Die Hacker, Rowohlt TB Verlag, 1989,S.52

5. Macht

In Bezug auf Äußerungen über Hacker gibt es als Akteure zum einen die Hacker selbst, und zwar diejenigen, die diesem Begriff gerecht werden, das heißt, Fachwissen, Leidenschaft, soziales Umfeld und ethische Grundsätze haben. Zum anderen sind Akteure auch diejenigen Hacker, die sich nur so bezeichnen, aber mindestens eines der eben genannten Kriterien nicht erfüllen. Meistens mangelt es an der Ethik, die in erster Linie liberal formuliert ist und freie Informationen, grenzenlosen Zugang und klassenfreie Beurteilung fordert. Jemand, wie beispielsweise Bill Gates, der ein Betriebssystem entwickelt, aber den Code nicht veröffentlich, widerspricht diesem freien Denken. Und obwohl er selbst zu den Anfangshackern gehörte, fehlt ihm die „soziale Komponente des Hackerdaseins", da er nie bemüht war, sich mit der Szene zu arrangieren.[22] Ebenso wird jemand von der Szene nicht anerkannt, der das Schöne am Hacken nicht würdigt und nur zerstören will, sogenannte Crasher. Aber auch Skriptkiddies, die nicht über die nötige Erfahrung verfügen, gelten nicht als Hacker. Meist sind es aber genau solche, die sich in der Öffentlichkeit profilieren und damit für den schlechten Ruf der Hacker sorgen.

Dieser Ruf vom Hacker, dem bösen Cyberkriminellen, breitet sich leicht in der Gesellschaft aus. Zeitungen und Fernsehen, die über Hacker berichten, betrachten nicht immer objektiv, noch recherchieren die Autoren genau. Stattdessen wird eine Meinung verbreitet, die von den Lesern, Zuschauern und Zuhörern akzeptiert wird. Es geht darum, was sich am besten verkaufen lässt. Vom „Pfadfinder Hacker", der mit Gleichgesinnten einem Hobby nachgeht, will niemand etwas wissen. Dafür sorgen aber nicht nur Fernsehreportagen, Zeitungen und Blogs. Auch wissentliche Arbeiten und literarische Publikationen ohne genaue Recherche können ein Bild verzerren. Christian Hardinghaus, Geschichtsstudent, bewertet Cracker in einer Seminararbeit generell als egoistisch und kriminell und behauptet, Hacker würden sich selbst als Fachidioten und Streber bezeichnen, um sich abzugrenzen.[23] Film- und Fernsehwissenschaftlerin Anna Zafiris bezeichnet es sogar als „klassischen Fall" der Hacker in Computersysteme einzudringen. Dass sie sich nur auf eine bestimmte Art von Quellen gestützt hat, um ihr Bild zu festigen, zeigt unter anderem die Behauptung, dass John Draper der einzige sei, dem es gelungen ist, umsonst zu telefonieren.[24] Tatsächlich war Draper nur einer von vielen Phreakern und wurde selbst erst in die Szene

---

[22] Boris Gröndahl, Hacker, Europäische Verlagsanstalt/Rotbusch, 2001, S.63
[23] Christian Hardinghaus, Hacker Geschichte – Vom kostenlosen Telefonieren und organisierter Kriminalität, Studienarbeit, Grin Verlag, 2007, S.4
[24] Anna Zafiris, Hackerkultur, Überblick über die Hackerszene, Studienarbeit, Grin Verlag, 2010, München, S.6

eingeführt.[25] Auch dass Hacker sozialen Charakter haben, hat Zafiris nicht erkannt und schreibt, „die Schwachstellen der Hacker liegen eindeutig bei zwischenmenschlichen Beziehungen".[26]

Autoren haben grundsätzlich eine *Definitionsmacht*. Sie legen fest, was andere später als Quellen nutzen. Und wenn ein Autor wie Steven Levy ethische Grundsätze formuliert, die auch nach 30 Jahren noch für Studienarbeiten oder Reportagen herangezogen werden, dann zeigt sich, wie stark diese Macht ist. Es gibt fast kein Buch über Hacker, das nicht auf den ethischen Grundsätzen, die Levy 1985 formuliert hat, aufbaut. Diese definierten Informationen werden von Zeitung und TV als *Durchsetzungsmacht*, verbreitet. Sie setzen damit durch, dass sich in der Gesellschaft eine Meinung bildet, die von vielen ungeprüft akzeptiert wird. Und wenn man genügend Quellen findet, wird man noch nicht einmal die Authentizität der Information prüfen. *Verhinderungsmacht* stellen freie Publizisten dar, die eine verfälschte Darstellung des Hackerbegriffes verhindern wollen. Oftmals kommen sie aus der aktiven Hackerszene und wollen nicht mit unethischen oder unwissenden Hackern auf eine Ebene gestellt werden.

Der Mensch heute ist abhängig von seinen Medien. Er schaut nicht mehr aus dem Fenster, er fragt wetter.com. Er klingelt nicht mehr bei seinem Nachbarn, er mailt ihm. Er liest nicht mehr den Stadtplan, sondern lässt sich von seinem Smartphone navigieren. Fast so, als seien die Menschen mit ihrer Technik eins geworden, scheint es „dass Intensivnutzer von Handy und Co. tatsächlich zu einer Art Cyborg werden".[27] Und das macht sie angreifbar. Als Akteure kann man also neben den Hackern und Nichthackern, den Publizisten und Autoren, auch die Menschen zählen, die diese Informationen verarbeiten.

[25] Vgl. Moschitto u. Sen, Hackertales, Tropen Verlag, 2000, Stuttgart, S.14ff
[26] Anna Zafiris, Hackerkultur, Überblick über die Hackerszene, Studienarbeit, Grin Verlag, 2010, München, S.10
[27] Thomas Fischermann und Götz Hamann, Zeitbombe Internet, Gütersloher Verlagshaus, Gütersloh, 2011, S.19f

6. Ideologie

Thus, there is far less overlap between hackerdom and crackerdom than the mundane reader misled by sensationalistic journalism might expect. [...] though crackers often like to describe themselves as hackers, most true hackers consider them a separate and lower form of life.[28]

Im Hackers Dictionary, einem von Hackern geschriebenen Werk, dass in vielen Arbeiten gern zitiert wird, gibt es eine direkte Abgrenzung zwischen Hackern und Crackern. Weiterhin ist dort auch zu lesen, dass man Hacker und Cracker an ihren Nicknames unterscheiden könne. Angeblich nutzen Cracker fantasievolle Namen, um ihre Identität zu verschleiern, Hacker dagegen wollen erkannt werden. Mann muss dazusagen, dass das Dictionary von Hackern geschrieben wurde, die sich selbst elitisieren.

Ein Hacker gleicht einem Forscher, wohingegen der Crasher nur sinnlos zerstört. Ich habe kürzlich ein Graffiti an der Einfahrt eines Mehrfamilienhauses gesehen. „Unsere Leidenschaft für Freiheit siegt über eure Autorität." In der Tat kann dieser Satz auch für Hacker prägend sein, die sich in ihrer Ideologie für Freiheit und Offenheit einsetzen. Die Hacker haben eine sehr starke Ideologie und wollen, dass man diese Werte respektiert. Aufgrund der vielen Untergruppen, mit eigenen Werten und Normen bedauern Hacker die Verzerrung ihrer Welt in der Öffentlichkeit, die bis hin zur Kriminalisierung getrieben wird. Dazu hat sich der Chaos Computer Club in einem Artikel in der Datenschleuder wie folgt geäußert:

„In unserem Sinne ist der Begriff Hacker in erster Linie ein Ehrentitel, um andere Menschen auszuzeichnen. Der Begriff ist also positiv besetzt und dabei rekursiv definiert. Hacker ist ein Begriff, der von Angehörigen der Hackerkultur verwendet wird, um sich nach außen abzugrenzen oder um Einzelne für besondere Leistungen auszuzeichnen."[29]

Und welche Ideologie verfolgen die Autoren und Publizisten? Ihnen geht es offensichtlich darum, die Leserschaft zu erhöhen. Und wie ich bereits bemerkt habe, muss man dazu die Sensationslust der Leute befriedigen. Eine genaue Differenzierung zwischen Hackergruppen lässt sich schwer verkaufen. Ein eigener Oberbegriff für Raubkopierer, Crasher oder Skriptkiddies fehlt leider. Also werden sie der Einfachheit wegen als Hacker betitelt, denn irgendwie hacken sie ja irgendwas. Selbst wenn ihnen die fachliche Eignung komplett fehlt, gelten Personen, die Hackertools benutzen, kurz und knapp als Hacker. Es ist verständlich, dass sich Betroffene über diese Begriffsverfremdung beschweren. Aber sie werden dasselbe Leid teilen, wie beispielsweise

---

[28] Eric S. Raymond (Ed.), The Jargon File Version 4.4.8, http:// http://catb.org/jargon, (Stand: 23.05.2012)
[29] ex10dead und packet, die universellen Maschinen verantworten, in die datenschleuder #95, 2011

Fahrstuhlhersteller. Denn es gibt wahrscheinlich weniger Fahrstuhlabstürze als Filme darüber. Mit den Medien wird das Augenmerk lediglich auf eine kriminelle Eigenschaft der Hacker forciert. Die Gewichtung dieser Taten gegenüber den „noblen" Hackern bleibt davon unberührt.

Eine andere Ideologie wird betrieben, wenn im Auftrag publiziert wird. So gibt es unter anderem Anbieter für Sicherheitssoftware, Antivirenprogramme und Spamfilter, die, um ihre Produkte zu vermarkten, die Angst vor Hackern schüren. Um den Absatz ihrer Produkte zu gewährleisten, kommt ihnen die Berichterstattung in den Medien gelegen und wird auch gefördert. So vertreibt beispielsweise Kaspersky eine Anti-Hacker Software,[30] und benutzt statt der Bezeichnung Sicherheits-Firewall ganz offen den Hackerbegriff.

---

[30] http://www.chip.de/downloads/Kaspersky-Anti-Hacker-1.8_13014867.html (Stand: 14.6.2012)

7. Normen

Hacker haben ihre Grundsätze und auch ihre Abgrenzung zu Anderen im Jargon File festgemacht. Sie formulieren genau, was ein Hacker ist, was ein Cracker ist und was ein Skriptkiddie ist. Wie ich aber bereits erwähnt habe, wird dieses File von Hackern selbst geschrieben. Und wer eine Elite bildet, kann seine Definitionsgrenzen sehr eng spannen. Selbst Bill Gates, der selber früher Hacker im Homebrew Computer Club war, achtet die Hackerszene, wenngleich er von ihr nicht anerkannt wird. Diese Feststellung hat Steven Levy in seiner 25-jährigen Jubiläumsausgabe von „Hackers" getroffen und behauptet, „in other words, Gates expects hackers to be the heroes of the next revolution, too".[31] Und Levy muss es ja wissen. Sein Werk „Hackers – Heroes oft he Computerrevolution" gilt heute noch als Leitfaden und Norm für jeden guten Hacker. Grundsätzlich achten die Clubs und Vereine von Hackern darauf, dass Normen eingehalten werden. Ihre Zielsetzung ist die gesellschaftliche Anerkennung des Hackertums. Darum betreiben sie Aufklärung und zeigen den Menschen, dass nicht sie die bösen sind. Gruppen wie Anonymous prangern eher andere direkt an und hoffen auf Sympathie aus der Bevölkerung. Andere Vereine, wie der Chaos Computer Club informieren über Gefahren aus dem Internet und verstehen sich wie moderne Robin Hoods, die zwischen den Menschen und den Autoritäten stehen. Mit Aktionen wie dem Fingerabdruck des Bundesinnenministers oder der Aufklärung über den Staatstrojaner, tragen sie ihren Beitrag dazu bei, dass ein Thema von fachlicher Sicht kritisch beäugt und von den Menschen wahrgenommen wird. Auch die Politik, hat dazu eine Norm geschaffen. §202 des deutschen Strafgesetzbuches ahndet das Ausspähen oder Abfangen von Daten. Der sogenannten „Hackerparagraph" §202c geriet in Kritik, da er das Erstellen von Hackertools, auch zu ehrlichen Zwecken, pauschal unter Strafe stellt.

---

[31] Steven Levy, Hackers, 25th anniversary edition, O'Reilly Media Inc., Sebastopol, CA, 2010, S.477

8. Kommunikation

Verschiedene Akteure nutzen verschiedene Kommunikationsmittel. Hacker selbst haben zahlreiche Publikationen in der Vergangenheit veröffentlicht. Meist sind es Zeitschriften innerhalb der Subkulturen, wie die „The Youth International Partyline" (YIPL, später TAP) und das 2600-Magazin für die Phreaker, die Datenschleuder des CCC für die politischen Aktivisten oder die Hackin9 für die Softwarehacker. Statt nur in Printform werden die Ausgaben meist als Download oder Newsletter veröffentlicht. Darin schreiben sie über die Szene, Erfahrungen, neue Entwicklungen und Ereignisse, die sie betreffen. Gerne nutzen sie diese Publikationen auch, um Tipps und Tricks zu verbreiten. So wurde in der Datenschleuder die Bauanleitung für das Datenklo, einen Akustikkoppler zur Datenfernübertragung, veröffentlicht und im „LOD Technical Journal" der Legion of Doom die Anleitung zum Bau einer Blue Box. Es werden die Behörden dabei auch gerne mal provoziert. Dem Vorwurf, sie würden mit ihrem Magazin Hacker anlernen, konterten die Verantwortlichen der „Technological American Party" (TAP):

> *Oh, wir sind da immer streng auf der Seite des Gesetzes. Wir sind eine ganz kleine seriöse amerikanische Firma. Wir schreiben nur, was diese Kids nicht tun sollen und zwar ganz detailliert. Ihr sollt nicht einen 2,4 Kilo Ohm Widerstand parallel schalten mit einem 0,3 Mikrofarad Kondensator und es in dieser Form an die Telefonleitung anschließen"[32]*

Weitere nennenswerte Zeitschriften waren „Die Bayrische Hackerpost" (1984 – 88) und „Hack-Tic" (1989 – 94). Zudem hat mittlerweile jede Hackervereinigung ihre eigene Webseite mit Diskussionsforen und zahlreichen Blogs.

Die Autoren und Reporter, die über Hacker berichten, nutzen selbstverständlich ihre eigenen Kommunikationsmittel, das Fernsehen, die Zeitungen und Zeitschriften sowie das Internet. Auf Webseiten von spiegel.de, heiseonline.de oder welt.de sind immer wieder Berichte über Hacker zu lesen. Produzenten von Securitysoftware nutzen neben Erfahrungs- und Produktberichten auch gerne diese öffentlichen Medien.

---

[32] Cheshire (Hrsg. TAP), „Zack, bin ich drin in dem System", Spiegel Interview mit Petermann et al., Spiegel 46/1983.

9. Fazit

Möglicherweise wird der Kampf der Hacker um Anerkennung und Wahrung ihrer Hackerehre endlos sein. Eine begriffliche Abgrenzung, unter die all jene fallen, die nicht den fachlich begeisterten, ethisch korrekten und sozialen Hackern entsprechen muss noch gefunden werden. Ob diese Richtigstellung gewünscht wird und sich deswegen durchsetzt, bleibt zu erwarten.

In jedem Fall sollte man aber mit gesunder Skepsis Meldungen und Berichte verfolgen und bemüht sein, zu verstehen, wo der eigentliche Kern der Aussage liegt. Viel zu schnell lässt sich Medieneuphorie adaptieren und man benutzt selbst Phrasen, die irgendwo aufgeschnappt wurden, muss sich dann aber erklären, wenn man an einen Fachmann gerät, der einen über die Richtigkeit aufklärt.

Leider stützen sich Menschen gern auf zweifelhafte Quellen und es wird schwer gegen jemanden zu argumentieren, der TV-Weisheit als einzige Wahrheit versteht. Manch einer will mitreden, benutzt Vokabeln im ungenauen Kontext, und so verbreitet sich ein unscharfes, bzw. verfälschtes Bild in der Gesellschaft. Das ist verständlich, denn nicht jeder sucht sofort eine Bibliothek auf, um ihm bis dahin unbekannte Fakten zu prüfen. Man möchte den Medien glauben, das ist der Weg des geringsten Widerstandes. Von den Berichterstattern kann daher etwas mehr Verantwortungsbewusstsein gefordert werden. Aber für diese ist es genauso schwer, ein bereits gefestigtes Bild zu revidieren. Also wird der Mob befriedigt und das vorhandene Meinungsbild aufgegriffen.

Letztendlich ist jeder für seine Handlungen und sein Denken selbst verantwortlich. Jeder muss selbst entscheiden, welche Aussage er als gegeben hinnimmt und wo er Skepsis bewahrt. Man muss auch nicht immer alles anzweifeln. Auch verzerrte Meinungsbilder haben diese Gesellschaft geformt. Aber jedem sollte bewusst sein, dass es bei fast jeder Äußerung einen Interpretations- und Assoziationsspielraum gibt. Und für den einen ist ein Hacker kriminell, für den anderen nicht. Für den einen ist ein Hacker ein Tüftler, für den anderen ein Freak. Das ergibt sich einfach aus dem Kontext, solange der Hackerbegriff in seiner Verwendung weiterhin alles beinhaltet.

Literaturverzeichnis:

Anna Zafiris, Hackerkultur, Überblick über die Hackerszene, Studienarbeit, Grin Verlag, 2010, München

Boris Gröndahl, Hacker, Europäische Verlagsanstalt/Rotbusch, 2001

Christian Hardinghaus, Hacker Geschichte – Vom kostenlosen Telefonieren und organisierter Kriminalität, Studienarbeit, Grin Verlag, 2007

Denis Moschitto, Evrim Sen, Hackertales - Geschichten von Freund und Feind, Tropen Verlag, 2000, Stuttgart,

G. Malkin, Internet Users' Glossary, RFC 1983, Network Working Group, 1996, o. O.

Jan Krömer, Evrim Sen, No Copy: Die Welt der digitalen Raubkopie, Tropen Bei Klett-Cotta, 2006

Steven Levy, Hackers, 25th anniversary edition, O'Reilly Media Inc., Sebastopol, CA, 2010,

Thomas Fischermann, Götz Hamann, Zeitbombe Internet, Gütersloher Verlagshaus, 2011, Gütersloh

Werner Heine, Die Hacker, Rowohlt TB Verlag, 1989

Die Datenschleuder, das wissenschaftliche Fachblatt für Datenreisende, Ausgabe 95, Hrsg. Chaos Computer Club, 2011, Berlin

siehe auch:

www.spiegel.de
www.pcwelt.de
www.chip.de
www.catb.org
www.prosieben.de
www.uni-oldenburg.de